Dieses Buch gehört

_____

Büchersterne

Liebe Eltern,

Lesenlernen ist eine Meisterleistung. Es gelingt nur Schritt für Schritt. Unsere Erstlesebücher in drei Lesestufen unterstützen Ihr Kind dabei optimal. In den Büchern für die 1. Klasse erleichtert eine große Fibelschrift das Lesen, und der hohe Bildanteil hilft, das Gelesene zu verstehen. Mit beliebten Kinderbuchfiguren von bekannten Autorinnen und Autoren macht das Lesenlernen Spaß. 16 Seiten Leserätsel im Buch laden zu einer spielerischen Auseinandersetzung mit dem Text ein.
So werden aus Leseanfängern Leseprofis!

Manfred Wespel

Prof. Dr. Manfred Wespel

PS: Weitere Übungen, Rätsel und Spiele gibt es auf www.LunaLeseprofi.de. Den Schlüssel zu Lunas Welt finden Sie auf Seite 55.

Büchersterne – damit das Lesenlernen Spaß macht!

www.buechersterne.de

Mit Büchersterne-Rätselwelt

Dagmar Geisler

Gespenster gehen auch zur Schule

Verlag Friedrich Oetinger · Hamburg

Inhalt

Müssen Gespenster auch in die Schule?

Klar müssen sie das.
Und was lernen sie da?
Sie lernen Lesen und Schreiben.
Das ist ja logisch.

Aber sie lernen auch alles,
was zum Spuken wichtig ist.

Sie lernen:

1. mit der Kette zu rasseln

2. durch die Mauer zu gehen

3. den Kopf
unter dem Arm
zu tragen

4. wie man sich unsichtbar macht

Plopp!

5. wie man blutige Flecken
auftauchen lässt
und wie sie wieder verschwinden

Frau Schlotternase,
die Lehrerin,
zeigt ihnen
alles ganz genau.
Benedikt ist ganz neu hier.

Die anderen Kinder
gehen schon länger
in die Schule.

Nur die kleine Kunigunde
ist genauso neu wie Benedikt.

Kuno

Griselda

Lulu

Rasputin

Kunigunde

Benedikt

8

Nach einer Woche
kann Benedikt schon
an die Mauer schreiben:

Hu, hu, hu,
die Geister
machen buh!

„Sehr schön, Benedikt!",
sagt die Lehrerin.

Ganz schön gemein

„Sehr schön, Benedikt!",
sagt Rasputin.
Aber es klingt nicht freundlich.

Rasputin ist der Beste
beim Kettenrasseln.
Aber schreiben kann er nicht so gut.

Unsichtbar machen ist schwierig.
„Acht, neun, zehn,
es kann mich keiner sehn!",
sagt Kunigunde.

„Plopp", macht es.
Und schon ist sie fast weg.
Nur ihre Zöpfe
schweben noch in der Luft.

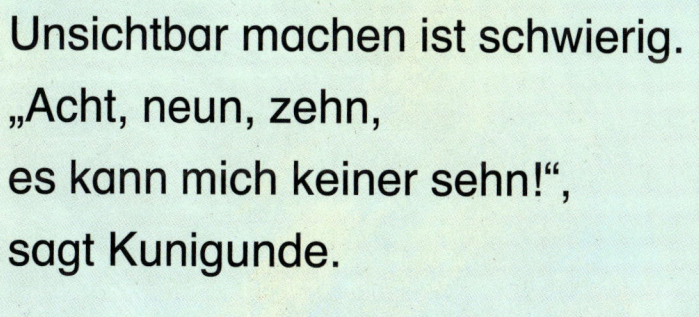

„Acht, neun, zehn,
es kann mich keiner sehn!",
sagt Benedikt.

Rasputin ruft:
„Den würde ja sogar
meine blinde Oma sehen!"

Na wartet!, denkt Benedikt.
„Beim Blutflecken-Zaubern
zeige ich's euch!"

Benedikt lässt den Blutfleck
im Ritter-Saal erscheinen.
Der Fleck sieht ganz echt aus.

„Super, Benedikt!",
sagt Kunigunde.

Benedikt freut sich.
Er versucht, den Fleck
noch größer zu machen.
Aber was ist denn jetzt los?

Auf einmal ist er weg, der Fleck.
„Benedikt ist verliebt!",
schreit Rasputin.
„Rosarot verliebt!"

„Gar nicht wahr!",
schimpft Benedikt.
Aber die anderen lachen bloß.

„Benedikt ist ungeschickt!",
singen Rasputin und Kuno.
„Hör nicht hin!", sagt Kunigunde.

„Benedikt
ist ungeschickt!",
rufen jetzt alle und kichern.

Ein kopfloser Geist

Am nächsten Tag lernen sie,
den Kopf unter dem Arm zu tragen.

Die Lehrerin macht es vor.
„Zapp-zerapp, der Kopf ist ab!",
sagt sie.

„Wer kann das auch?",
fragt sie.
Ihren Kopf hält sie dabei
in der Hand.
Rasputin kichert.

Benedikt muss nach vorne kommen.
„Zapp-zerapp, der Kopf ist ab!",
sagt er.

He, das geht ja ganz leicht!
Stolz hebt Benedikt
seinen Kopf in die Höhe.

„Festhalten!", ruft die Lehrerin.
Aber es ist zu spät.
Der Kopf rollt über den Boden.

„Benedikt ist ungeschickt!",
ruft Rasputin.

Benedikt ist traurig.
Er hat gar keine Lust mehr
auf die blöde Schule.

In der nächsten Stunde
gehen sie durch die Mauer.
Benedikt macht das ganz toll.

20

Trotzdem rufen die anderen wieder:
„Benedikt ist ungeschickt!"

Am nächsten Abend will Benedikt
am liebsten zu Hause bleiben.
Aber Kunigunde holt ihn ab.

So eine Aufregung

Vor der Schule ist etwas los.
Ein Bus steht
vor dem Schloss.

Riesige Scheinwerfer
leuchten die Mauer an.

„Igitt, ist das hell!",
sagt Kunigunde.

„Wo kommen auf einmal
die vielen Menschen her?",
jammert die Lehrerin.

„Sie drehen einen Film!",
erzählt Kuno.

„Bloß nicht!",
sagt Frau Schlotternase.
„Wenn zu viele Menschen kommen,
ist es vorbei
mit unserer Schule."

„Wir müssen sie erschrecken!",
sagt sie zu den Großen.
„Die Kleinen verhalten
sich so lange ruhig!"

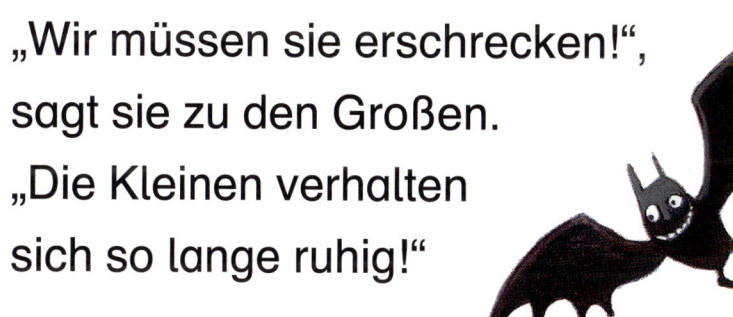

„Aber ...", sagt Kunigunde.
„Keinen Mucks!",
sagt die Lehrerin streng.

Rasputin und Lulu,
Griselda und Kuno
können nun zeigen,
was sie gelernt haben.

Griselda und Kuno
schweben ans Fenster.

Sie rasseln mit den Ketten
und heulen schauerlich.

„Mit dem Ton stimmt etwas nicht!",
ruft ein dicker Mann.
Er dreht hastig
an den Knöpfen
von seiner Ton-Anlage.

Es pfeift schrill.

„Hilfe!", schreit Griselda.

Sie hält sich die Ohren zu.
Kuno stolpert rückwärts
und fällt auf den Po.

28

Jetzt sind Lulu und Rasputin dran.
„Die vertreiben wir sofort!",
sagt Rasputin.

Er macht sich unsichtbar
und schwebt in den Hof hinaus.
Lulu schwebt hinterher.

Vor den Augen der Menschen
werden sie wieder sichtbar.
„Hu, huuu!", heulen sie.

Rasputin nimmt den Kopf vom Hals.
Er rollt mit den Augen.
Schrecklich sieht das aus.

Ein echter Held

„Jetzt rennen sie gleich!",
sagt die Lehrerin.

Aber der dicke Mann
dreht sich nur
zu seinem Kollegen um.
Der Kollege ist
für die Film-Tricks zuständig.

„Lass doch den Quatsch!",
sagt der Dicke.

„Ich war das nicht!",
sagt der Kollege.
„Da stimmt was nicht
mit der Technik."

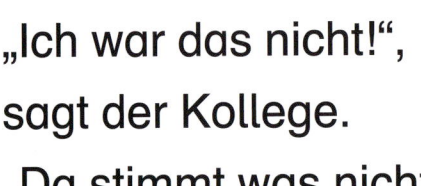

Frau Schlotternase ist ratlos.
„Es muss etwas passieren!",
jammert sie.

Da hält Benedikt
es nicht mehr aus.
Er sieht das Kabel
auf dem Boden.

Schnell zieht er
den Stecker aus der Dose.

Sofort gehen draußen
alle Lichter aus.
Die Menschen schreien laut.
Sie kommen
in die Halle gerannt.

„Acht, neun, zehn.
Es kann mich keiner sehn!",
flüstert Benedikt.
Es klappt!
Er wird unsichtbar.

Der Dicke schaut verwundert
auf sein Stromkabel.
Er steckt den Stecker
zurück in die Dose.

Benedikt zieht ihn wieder heraus.
Das geht dreimal so.

„Das ist ja gespenstisch!",
ruft jemand.
Benedikt lacht schauerlich.

Hu, hu, hu,
die Geis

„Hu, hu, hu,
die Geister machen buh!",
schreibt er an die Mauer.

„Wir suchen
uns ein anderes Schloss!",
schreien die Menschen
und rennen davon.

38

„Gut gemacht, Benedikt!",
sagt Frau Schlotternase.
Und Rasputin klopft ihm
auf die Schulter.
„Gar nicht ungeschickt!",
sagt er.

Willkommen in der

Büchersterne

Rätselwelt

Komm auch in meine Lesewelt im Internet.

www.LunaLeseprofi.de

Dort gibt es noch mehr spannende Spiele und Rätsel!

Büchersterne-Rätselwelt

Hallo,
ich bin Luna Leseprofi und
ein echter Rätselfan!
Zusammen mit den kleinen
Büchersternen ⭐ habe ich mir
tolle Rätsel und spannende
Spiele für dich ausgedacht.

Viel Spaß dabei wünscht

Luna Leseprofi

Lösungen
auf Seite
56–57

**Kannst du die Bilder
den richtigen Sätzen
zuordnen?**

 Sie lernen, durch die **Mauer**
zu gehen.

 „Zapp-zerapp, der **Kopf** ist ab!"

 Kuno **stolpert** rückwärts
und fällt auf den Po.

 Benedikt sieht das **Kabel**
auf dem Boden.

— — — — — — — — —

— — — — — — — — —

— — — — — — — —

Büchersterne-Rätselwelt

„Acht, neun, zehn, …

- ☐ es kann mich keiner sehn!"
- ☐ du kannst jetzt nicht mehr gehn!"

„Zapp-zerapp, …

- ☐ du machst schlapp!"
- ☐ der Kopf ist ab!"

„Hu, hu, hu, …

- ☐ verschwunden ist der Schuh!"
- ☐ die Geister machen buh!"

Welcher Satz ist richtig? Kreuze ihn an.

Lustiges Quiz

Was steht denn hier? Löse die rätselhafte Geheimschrift!

SPUK

_____

_____

_____

_____

Satz für Satz kannst du eine Figur wegstreichen. Welche bleibt übrig?

⭐ Mein Name hat mehr als 4 Buchstaben.

⭐ Ich bin nicht Rasputin.

⭐ Ich bin neu in der Schule.

⭐ Ich bin ein Mädchen.

Ich bin: _____

Wie viele Fledermäuse
flattern im ganzen Buch?

Schau auf Seite 9. Welche Zahl
versteckt sich zweimal im Bild?

Wie oft findest du im Buch
eine Ritter-Rüstung?

**Findest du die
gesuchten Zahlen?**

Zahlen-
Rätsel

Würfelspiel

Wer von euch löst sich zuerst in Luft auf? Alle Kiesel müssen verschwinden.

Ihr braucht:

1 Würfel
2 Spielfiguren
8 Kieselsteine

Legt unten je 4 Kiesel ab. Würfelt abwechselnd! Landest du auf einem PLOPP? Dann nimm einen Stein weg.

Wort-salat

Hier sind die Wörter durcheinandergeraten. Kannst du sie ordnen?

s Sch
s l o

___ ___ ___ ___ ___ ___ ___ ___ ___

___ ___ ___ ___ ___ ___

e
u l
Sch

s
G t e
i

___ ___ ___ ___ ___ ___

C

B

A

Mit welcher Kette rasselt Benedikt?

Woll-Wirrwarr

Luna Leseprofi

Finde das Lösungswort und komm in Lunas Lesewelt im Internet!

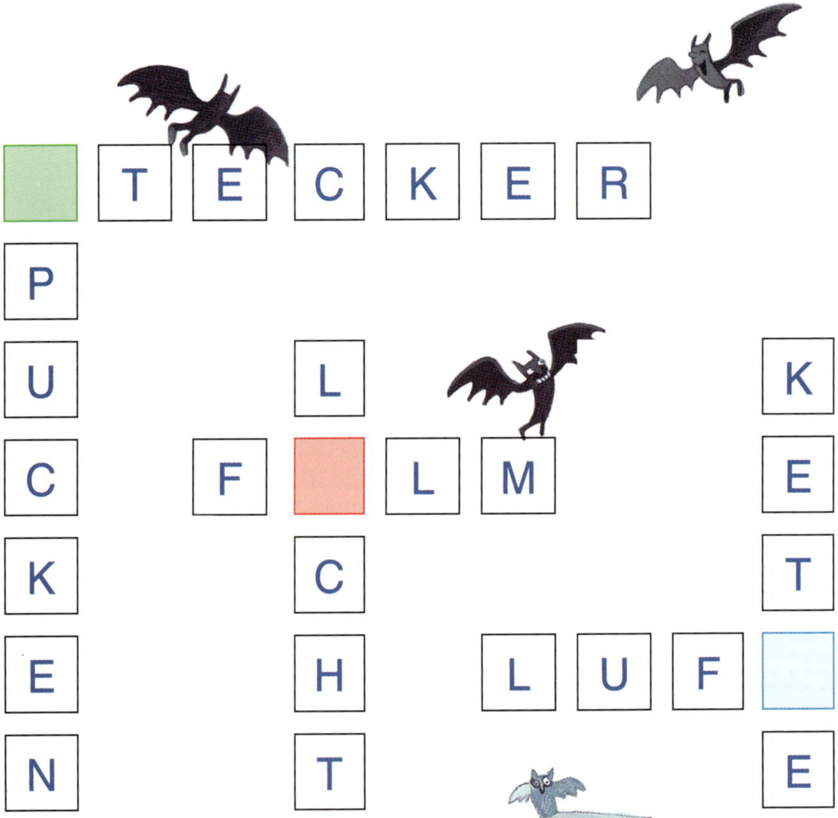

☐ T E C K E R

P
U ☐ L ☐ K
C F ☐ L M E
K ☐ C T
E ☐ H L U F ☐
N ☐ T E

	E	H	E	U	L		
R							
U					F		
S					L		
E		M	A	U		R	
L					C		
					K		

LÖSUNGSWORT:

Mit dem LÖSUNGSWORT gelangst du in meine Lesewelt im Internet:
www.LunaLeseprofi.de
Dort warten noch mehr spannende Spiele und Rätsel auf dich!

Seite 49 · Zahlen-Rätsel
25 Fledermäuse
Die Zahl 6
2 Ritter-Rüstungen

Seite 52 · Wortsalat
Schloss, Schule, Geist

Seite 53 · Woll-Wirrwarr
Benedikt rasselt mit Kette
„B".

Seite 54-55 · Luna Leseprofi
Gib dein Lösungswort im Internet unter
www.LunaLeseprofi.de ein. Wenn sich eine
Lesemission öffnet, hast du das Rätsel
richtig gelöst.

Alle Rätsel gelöst?
Hier findest du die
richtigen Antworten.

Rätsel-
Lösungen

Seite 42-43 · Bildsalat
Sie lernen, durch die **Mauer** zu gehen. = Bild 2

„Zapp-zerapp, der **Kopf** ist ab!" = Bild 3

Kuno **stolpert** rückwärts und fällt auf den Po. = Bild 1

Benedikt sieht das **Kabel** auf dem Boden. = Bild 4

Seite 44 · Wer bin ich?
Benedikt, Kunigunde, Rasputin

Seite 45 · Lustiges Quiz
„Acht, neun, zehn, **es kann mich keiner sehn**!"
„Zapp-zerapp, **der Kopf ist ab!**"
„Hu, hu, hu, **die Geister machen buh!**"

Seite 46-47 · Geheimschrift
Spuk, Blut, Kette, Geist, Truhe

Seite 48 · Lese-Logik
Kunigunde

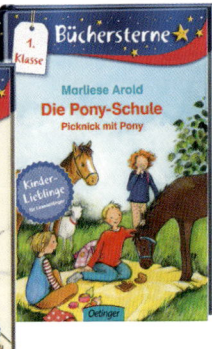

Ponys und Olchi-Abenteuer

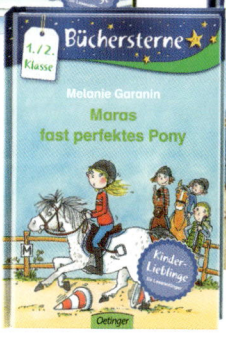

Susanne Lütje
**Robin und das Dingsda.
Alarm im Klassenzimmer**
ISBN 978-3-7891-1258-4

Ursel Scheffler
Paula macht Ferien am Meer
ISBN 978-3-7891-2327-6

Erhard Dietl
Die stärksten Olchis der Welt
ISBN 978-3-7891-2326-9

Melanie Garanin
Maras fast perfektes Pony
ISBN 978-3-7891-2348-1

Oetinger

Mit Lesespielen im Internet. Lesepatenmodell für Lehrer und Eltern.
www.buechersterne.de, www.LunaLeseprofi.de und **www.oetinger.de**

Das didaktische Konzept zu Büchersterne wurde mit Prof. Dr. Manfred Wespel, Pädagogische Hochschule Schwäbisch Gmünd, entwickelt.

Überarbeitete Neuausgabe

© Verlag Friedrich Oetinger GmbH, Hamburg 2010, 2013
Alle Rechte vorbehalten
Titelbild und farbige Illustrationen Dagmar Geisler
Einband- und Reihengestaltung von Manuela Gerdes,
unter Verwendung der Sternvignetten von Heike Vogel
Reproduktion: Domino Medienservice GmbH, Lübeck
Druck und Bindung: Mohn Media GmbH, Gütersloh
Printed 2014
ISBN 978-3-7891-2350-4

www.oetinger.de
www.buechersterne.de